———————————— 님께 이 책을 드립니다.

지우개 스탬프 이야기

이현정

갈
design

발행일 1 판 1 쇄 찍음   2021 년 3 월 16 일
      1 판 1 쇄 펴냄   2021 년 3 월 26 일

지은이	이현정
펴낸이	이주연
펴낸 곳	디자인 깔
본문·표지	디자인 깔
교정·교열	유지숙
캐릭터 디자인	이현정
패브릭 디자인	김효정
저자 사진	김서윤
홍보·마케팅	김은조
제작	하이프린팅

출판등록	2017년 2월 9일(제2017-000036호)
주소	서울시 마포구 신촌로162, 1509호(대흥동, Camp21오피스텔)
전화	02-714-8436
메일	ju-2021@hanmail.net

ISBN 979-11-973971-1-0 07650

지우개
스탬프
이야기

Prologue
프롤로그

　학창 시절, 검은색 고무판과 조각도로 판화를 배우던 미술 시간을 신기해하고 즐거워했던 제가 어느덧 지우개 스탬프 책을 내게 되었습니다. 고무판보다 구하기 쉬운 소재를 찾다가 집 안에 돌아다니는 지우개로 간단한 모양을 파기 시작한 것이 계기가 됐는데, 이제는 패브릭 프린팅 등 다양한 분야에 지우개 스탬프를 접목하는 시도를 하고 있습니다. 지우개 스탬프라는 분야가 저만의 취미가 아닌 모두의 취미가 되었으면 하는 바람을 담아 정성껏 이 책을 준비했습니다.

　지우개는 주변에서 쉽게 구할 수 있어 친근한 소재이고, 지우개 스탬프 조각은 '곰손', '금손' 가리지 않고 누구나 즐길 수 있는 멋진 취미입니다. 조각도를 처음 접하는 분도 쉽게 만들 수 있도록 이 책에는 기본적인 선 연습부터 본격적인 작품 구상에 이르기까지 구체적 과정과 저만의 노하우를 모두 담았습니다. 천천히 따라 하다 보면 금세 지우개 스탬프의 매력에 푹 빠질 것입니다.

소중한 분에게 감사의 마음을 전하고 싶을 때 정성을 담은 글과 함께 직접 만든 스탬프로 특별한 장식을 해보면 어떨까요? 나만의 아이디어로 만든 수제 스탬프를 원하는 곳에 찍어보세요. 직접 만드는 즐거움과 찍는 순간의 보람을 느낄 수 있습니다.

누군가에게 건네고 싶은 이야기가 있나요? 직접 만든 스탬프를 이용해 편안하게 전해보세요.

마지막으로, 이 책이 나올 수 있도록 오랫동안 인내심을 갖고 기다려준 '디자인 깔' 대표님과 물심양면으로 도움을 준 친구들, 그리고 사랑하는 가족에게 특별히 감사의 말씀을 드리고 싶습니다.

Contents
차례

story 2
일상의
소소한 행복 ••• 75

따뜻한 감성 스탬프

story 3
시간의 향은
깊어지고 ••• 151

아름다운 민화 스탬프

Smile

story 4
부록 편 ••• 195

그림문자 스탬프

두근두근♡

LOVE

Tools and Materials
시작하기 전에

지우개 스탬프와 친해지기

"처음 잡아보는 조각도가 조금 어색해도 괜찮아요!"

단순한 직선만으로 여러 가지 선을 조합하면
훌륭한 지우개 도장이 될 수 있습니다.
이제 주위의 굴러다니는 자투리 지우개를 모아
연습을 시작해볼까요.

지우개 스탬프에 필요한 재료

● ●●● 지우개

호루나비

한케시군

지우개 스탬프는 그야말로 지우개가 중요해요. 만들고자 하는 도안에 따라서 적당한 강도의 지우개를 선택하는 것이 좋습니다. 미국이나 일본은 지우개 스탬프가 취미 생활로 발달해 스탬프 전용 지우개가 다양하게 출시되어 있답니다.

'호루나비'는 일본에서 제작한 스탬프 조각 전용 지우개입니다. 일반적 지우개와 달리 탄력이 있는 데다 표면층의 1mm 정도가 다른 색상으로 분리되어 스탬프 작업 시 조각도가 들어가는 깊이를 알 수 있도록 제작해 편리합니다. 그리고 색상에 따라 강도가 조금씩 다릅니다.

'한케시군'도 일본에서 제작한 스탬프 조각 전용 지우개입니다. 탄력은 호루나비보다 다소 떨어지지만, 질감이 부드러워 한케시군 지우개를 선호하는 사람도 많습니다. 하지만 한케시군은 표면층에 색상 표시가 따로 없는 만큼 조금 익숙해진 다음에 사용하는 것이 좋습니다. 한케시군의 강도는 포장지 색상으로 구분할 수 있어요. 보라색 포장의 한케시군은 소프트 타입으로 면이 많은 도안을 조각할 때 적합하고, 푸른색 포장은 딱딱한 하드 타입으로 글씨와 같이 선을 살려야 하는 섬세한 도안을 조각할 때 적합합니다.

또 다른 지우개로는 스피드볼사Speedball Art Product Company. 1997년에 창립한 미국 노스캐롤라이나에 위치한 미술 관련 용품 제조회사의 '스피디카브(Speedy-carve)'가 있습니다. 크기가 다양해서 큰 작품을 만들 때 유용합니다. 일본 제품에 비해 말랑말랑한 편이에요.

지우개 스탬프를 처음 시작하는 분들은 호루나비의 노란색 지우개가 가장 무난하지만, 다양한 지우개를 사용하면서 자신에게 맞는 타입을 찾는 것도 좋을 듯합니다.

● ●●● 조각도

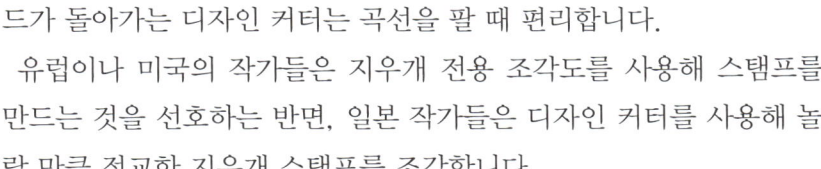

● 스피드볼과 디자인 커터

스피드볼

 지우개 스탬프 조각이 처음이라면 지우개 전용 조각도를 사용해보세요. 스피드볼 조각도 세트와 같은 지우개 조각도를 사용하면 매우 편리합니다.

 큰 지우개를 조각할 때 사용하는 커터는 커터 날이 움직이지 않도록 잘 잡아주는 것이 아주 중요합니다. 날이 흔들리지 않아야 지우개를 쉽게 조각할 수 있는 만큼 좋은 브랜드의 칼을 구입할 것을 추천합니다.

 조금 익숙해진 분들은 디자인 커터를 사용해보세요. 디자인 커터를 사용하면 보다 세밀한 조각이 가능합니다. 디자인 커터는 흔히 사용하는 커터와는 조금 다릅니다. 아트 나이프라고도 하며 페이퍼 커팅을 하는 분들이 주로 사용하는 칼입니다. 조각을 위한 전용 칼이라고 생각하면 됩니다. 칼날이 매우 뾰족해 섬세하게 조각할 수 있고, 헤드가 돌아가는 디자인 커터는 곡선을 팔 때 편리합니다.

디자인 커터

 유럽이나 미국의 작가들은 지우개 전용 조각도를 사용해 스탬프를 만드는 것을 선호하는 반면, 일본 작가들은 디자인 커터를 사용해 놀랄 만큼 정교한 지우개 스탬프를 조각합니다.

● ●●● 지우개 전용 조각도 세트

● 굽은 창칼

굽은 창칼

 지우개 스탬프 조각 시 내부의 불필요한 부분을 정리할 때 사용합니다. 굽은 부분을 지우개 바닥에 최대한 붙여 사용합니다.

● 환도(S)

칼날의 형태가 U자로 되어 있으며, 2~3mm 두께로 선을 팔 수 있습

환도(S)

니다. 좁은 공간의 불필요한 부분을 정리할 때도 유용합니다.

삼각도(S)

칼날의 형태가 V자로 되어 있어 가느다란 선을 팔 때 사용합니다. 1~2mm 두께로 선을 팔 수 있으며, 대부분의 가는 선을 팔 때는 이 삼각도(S)를 사용합니다.

환도(M)

칼날의 형태가 넓은 U자로 되어 있어 주변을 정리할 때 또는 불필요한 넓은 면적을 팔 때 사용합니다.

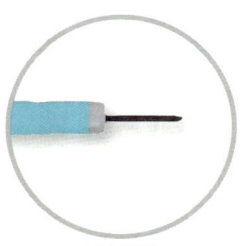

삼각도(S)

잉크패드

환도(M)

스테이즈온(Stāzon)

지우개 스탬프를 완성했다면 이제 잉크패드를 골라야 합니다. 잉크패드는 용도별로 종이에 찍는 수성 잉크패드, 천에 찍는 패브릭용 잉크패드, 그리고 도자기나 목재에 찍는 유성 잉크패드 등이 있습니다. 그중 유성 잉크패드는 종이뿐 아니라 도자기나 목재, 플라스틱 등 다양한 재료 위에 스탬핑할 수 있어 즐겨 사용하는데 일본 잉크패드 전문 브랜드 '츠키네코'사의 '스테이즈온(Stazon)'은 발색이 우수하고 마르는 시간도 오래 걸리지 않아 가장 선호하는 잉크패드 중 하나입니다. 하지만 유리나 도자기 같은 면에 찍을 때는 미끄러지지 않도록 조심해야 합니다. 미끄러진 경우 유성 잉크 전용 클리너로 닦아낸 뒤 다시 찍으면 됩니다. 너무 힘주지 말고 지긋이 눌러주세요.

스테이즈온
유성 잉크패드

메멘토(Memento)

종이에 찍는 수성 잉크패드 중 '메멘토(Memento)' 잉크패드는 빨리

메멘토 잉크패드

마르는 반면 조금 잘 번지는 편입니다. 종이에 잉크가 스며들면서 약간 얼룩진 느낌이 나기도 해요. 자연스러운 느낌을 좋아하는 분들에게 인기 있는 잉크패드입니다. 모든 종이에 고르게 잘 찍히고 작품 보존성도 좋은 잉크랍니다.

● 버사 컬러(Versa Color)

버사 컬러 미니
잉크패드

어디든 무난하게 잘 찍히는 '버사 컬러(Versa Color)'는 색상이 다양하고 가격대도 적당해서 선호하는 잉크패드 중 하나입니다. 버사 컬러는 미니로도 다양한 컬러를 출시해 처음 시작할 때 어떤 잉크패드를 사야 할지 고민되는 분들에게 추천할 만합니다.

이 밖에도 많은 종류의 잉크패드와 다양한 효과를 줄 수 있는 제품이 출시돼 있습니다. 하나씩 모으며 흥미로운 스탬핑의 세계에 빠져 보시기 바라요!

●●●● 그 외 준비물

● 샤프펜슬(연필)

도안을 옮기는 데 사용하는 샤프펜슬이나 연필은 심이 무르지 않으면서 진한 것으로 고르는 것이 좋아요. 저는 손가락에 닿는 부위가 고무로 된 펜텔 그래프 1000 forpro를 주로 사용합니다. 샤프펜슬 대신 연필을 선호하는 사람도 있으니 각자에게 맞는 필기구를 찾아보는 것도 재미있을 거예요.

트레이싱지

● 트레이싱지

도안의 본을 뜰 때 사용하는 트레이싱지는 종이를 반투명하게 처리한 것으로 기름종이나 트레팔지로 대신해 사용하기도 합니다. 트레이싱지는 본뜰 때 의외로 잘 안 보이는 것들도 있으므로 투명도가 높은 것으로 선택하는 것이 좋습니다.

● 본폴더

트레이싱지에 본을 뜬 후 지우개로 옮기기 위해서 본폴더를 사용합니다. 외국에서는 자신의 손톱이나 티스푼 등을 사용하기도 하는데, 평평하고 끝이 날렵한 본폴더를 사용하면 작업 능률을 더욱 높일 수 있습니다.

본폴더

● 커팅 매트

지우개의 불필요한 가장자리를 잘라내기 위해 커팅 매트는 필수입니다. A4 사이즈보다 작은 컬러 커팅 매트도 많이 나와 있으니 예쁜 색상으로 하나 마련해보세요.

커팅 매트

● 클리닝 지우개

지우개 스탬프를 만들 때 필수템인 클리닝 지우개는 사용하기 전에 손으로 반죽하듯 조물조물 주물러 부드럽게 만드는 것이 좋습니다. 지우개 스탬프를 완성하고 나서 홈에 끼어 있는 부스러기나 미처 잘라내지 못한 미세한 부분을 제거해주고, 도안을 옮길 때 남은 연필심 자국도 깨끗이 지워줍니다.

클리닝 지우개

트레이싱지 대신 시중에서 판매하는 기름종이나 종이 포일을 사용해도 좋아요! 트레이싱지와 기름종이의 차이점은 광택이 있느냐, 없느냐입니다. 트레이싱지는 광택이 없는 반면, 기름종이는 한쪽 면에 광택이 있습니다. 트레이싱지에는 B계열보다는 잘 번지지 않는 H계열 연필을 사용하는 것이 좋습니다.
클리닝 지우개가 없을 때는 주변에서 쉽게 구할 수 있는 스카치테이프를 사용하면 됩니다! 제가 애용하는 방법이에요!

기초 선 연습

● ● ● ● 직선·점선

❶ 먼저 직선으로 된 여러 가지 도안을 생각해봅니다.

❷ 노트에 구상해둔 도안을 그립니다.

❸ 그려둔 도안에 트레이싱지를 대고 연필로 따라 그립니다. 본폴더를 이용해 지우개에 도안을 문질러 옮깁니다. 조각도를 사용해 직선을 따라 가볍게 파는 연습을 합니다(p.21 Tip 참조).

❹ 처음에는 간단한 도안으로 시작하는 것이 좋아요. 도안의 외곽을 자르는 것도 연습할 겸 사각형 등 각진 모양을 만들어보세요. 일정하게 선을 파는 연습에 익숙해지면 삼각형, 화살표 등 여러 가지 형태로 연습해보세요.

❺ 점선은 직선과 함께 연습합니다.

직선의 경우, 조각도를 이용해 지우개 바깥쪽까지 한 번에 선을 파는 연습을 합니다. 이후 원하는 도형의 모양대로 외곽선을 칼로 잘라내면 깨끗한 모양을 만들 수 있습니다.

OK! YES!

● ● ● 곡선

❶ 먼저 곡선으로 된 여러 가지 도안을 생각해봅니다.

❷ 노트에 구상해둔 도안을 그립니다.

❸ 그려둔 도안에 트레이싱지를 대고 연필로 따라 그립니다. 본폴더를 이용해 지우개에 도안을 문질러 옮깁니다. 조각도를 사용해 곡선을 따라 부드럽게 손을 움직여 파는 연습을 반복합니다(p.21 Tip 참조).

❹ 처음에는 간단한 도안으로 시작해 손의 움직임이 많은 곡선까지 연습해보세요. 원이나 타원을 먼저 그린 후 그 안에 곡선을 그려 연습하면 좋습니다. 외곽의 곡선을 따라 자르는 것도 연습할 겸 원 안에 곡선을 그려 넣어 여러 가지 곡선 모양을 연습해보세요!

어메이징!

- 원이나 타원처럼 외곽선이 곡선인 경우 먼저 외곽을 따라 원 모양을 파놓은 후 안쪽 라인을 파는 것이 수월합니다. 반대로 사각형이나 삼각형처럼 직선인 경우에는 바깥쪽까지 한 번에 선을 쭉 파는 연습을 먼저 한 후 외곽선을 잘라내면 깨끗하게 만들 수 있습니다.

- 곡선을 팔 때 지우개 조각도를 너무 세워서 잡고 진행하게 되면 칼이 지우개에 점점 깊이 박히면서 선이 굵게 나오므로, 조각도는 가볍게 쥐고 약 30도 각도로 눕혀서 동일한 힘과 속도로 진행하는 것이 중요해요! 이때, 조각도를 미는 것이 아니라 조각도를 잡은 손은 고정하고, 지우개를 잡은 손으로 가볍게 밀어주는 느낌으로 진행합니다. 가볍게 밀어주는 것이 포인트!

- 바깥쪽 원이나 타원은 모양자를 이용하면 손쉽게 그릴 수 있어요!

곡선 도안 연습하기

지우개에 원하는 도안을 잘 파기 위해서는 무엇보다 기본기가 중요해요~
초보자들은 조각도를 깊이 눌러 파는 경향이 있는데 굳이 깊게 누를 필요 없답니다.
깨끗한 선을 만들기 위해서는 가볍게 선을 따라 파는 연습이 중요해요.

OK!

처음부터 끝까지 깊이를 유지하면서 파는 연습을 해보세요.

19

● ●●● 선의 진행 방향 바꾸기

V자나 Z자와 같이 중간에 선의 진행 방향이 바뀌는 경우 선이 꺾이는 지점에서 90도 각도로 하늘을 향해 과감하게 조각도를 들어 올립니다. 이때, 왼손 검지손가락을 이용해 조각도의 칼끝을 살짝 막는 느낌으로 들어주면 보다 쉽게 들어 올릴 수 있습니다. 이러한 꺾인 선 연습은 한글 스탬프를 만들 때 매우 유용합니다. 꺾인 선을 응용해 다양한 지그재그를 연습해보세요.

• 혹시 지우개 조각이 떨어지지 않을 땐 손으로 떼어내려 하지 마세요. 스카치테이프나 클리닝 지우개를 이용해 제거하면 깔끔하게 뗄 수 있습니다.

• 예쁘게 파는 것도 중요하지만 안전이 가장 중요하므로 늘 조각도를 자신의 몸과 반대 방향으로 밀면서 파는 습관을 들이는 것이 좋습니다.

• 이제 막 지우개 스탬프를 시작한 분들은 연필로 그린 밑그림을 지우개에 옮길 때 애써 그린 그림이 뭉개져 잘 안 보이는 경우가 있습니다. 이럴 땐 연필선 위에 검은색 네임펜으로 한 번 더 표시해주세요. 스탬프를 파는 동안 연필심이 번져 그림이 뭉개지는 것을 막을 수 있습니다. 네임펜은 가장 가는 것을 추천해요! 그리고 나중에 익숙해지면 이 과정은 생략하는 것이 좋아요. 지우개 스탬프를 완성한 뒤 남아 있는 밑그림은 스카치테이프나 클리닝 지우개로 깨끗이 지워야 훨씬 보기 좋습니다.

여러 가지 선을 응용한 스탬프 만들기

지금까지 연습한 선을 응용하면 해피 버스데이 배너와 마스킹테이프 스탬프, 그리고 여러 가지 재미난 보석 모양 스탬프를 만들 수 있습니다~!

마스킹테이프 스탬프 만들기

다이아몬드 스탬프 만들기

도안 옮기기

❶ 미리 그려둔 도안에 기름종이나 트레이싱지를 대고 연필로 따라 그립니다.

❷ 도안이 그려진 면을 지우개에 대고 본폴더를 사용해 문지릅니다. 본폴더가 없으면 티스푼이나 손톱으로 문질러도 됩니다. 트레이싱지가 움직이지 않도록 주의해서 문지릅니다.

❸ 레이저 프린터로 출력한 경우 이미지를 지우개에 대고 이미지의 뒷면을 아세톤으로 톡톡 두드려 옮길 수 있습니다.

❹ 만들고 싶은 도안을 지우개에 전사한 뒤 각각 잘라서 조각하면 지우개의 낭비를 줄일 수 있습니다.

❺ 본폴더나 자를 대고 자르면 지우개가 쉽게 잘라집니다. 이때 손을 다치지 않도록 주의하세요.

도안 그리기

여러 가지 도안

주위를 둘러보면 모든 것이 스탬프 소재가 됩니다. 천천히 따라 그리기를 연습한 후 트레이싱지에 밑그림을 그려서 옮기면 나만의 스탬프 만들 준비 끝!

이제 시작해 볼까요?

Let's Go!

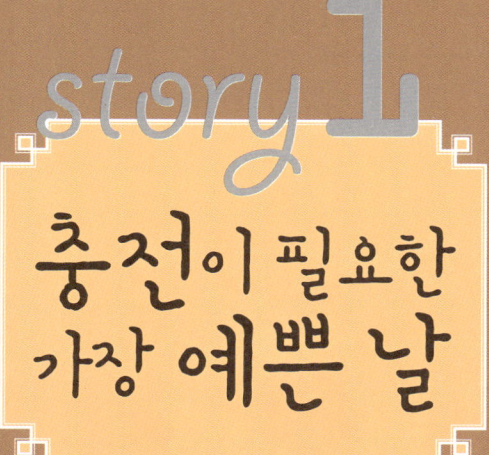

story 1

충전이 필요한 가장 예쁜 날

계절에 어울리는 스탬프

봄. 꽃과 선인장, 허브
여름. 해변으로 가요!
가을. 캠핑을 떠나요!
겨울. 메리 크리스마스!

길가에 핀
풀꽃도 스탬프
도안이 될 수
있어요!

어디에도 잘
울리는 꽃 스탬프!
마구 찍어도
예쁘답니다.

이렇게
간단할 수가!

★☆ *Decorate*

텀블러 꾸미기

준비물: DIY 텀블러, 켄트지 180g, 지우개 스탬프,
잉크패드, 연필, 가위

1. DIY 텀블러 안에 있는 속지를 켄트지에 대고 연필로 따라 그린 뒤 오립니다.
2. 지우개 스탬프를 오린 켄트지에 돌려가며 찍어줍니다.
3. 완성한 속지를 투명 통 안에 말아서 끼웁니다.
4. 지우개 스탬프로 나만의 멋진 텀블러 완성!

캔버스 액자에
툭툭 찍으면 멋진
작품이 완성됩니다.

책갈피 꾸미기

준비물: 켄트지 또는 크라프트지, 가위,
아일릿 펀칭기, 끈, 지우개 스탬프, 잉크패드

1. 종이를 원하는 크기로 잘라 책갈피를 만듭니다.
2. 아일릿 펀칭기로 구멍을 뚫어 끈으로 묶습니다.
3. 책갈피에 스탬프를 골라 찍으면 나만의 책갈피
완성!

화병에 꽃꽂이를 하듯
잎사귀를 겹쳐 찍어보세요.
풍성한 표현이 가능해요.
이때 똑같은 잎사귀도
색상을 달리해 찍어주세요.

OK!

49

겹쳐 찍기를 할 때는 ① 바탕이 되는 부분을 먼저 찍고 ②, ③을 차례로 찍습니다.

③

②

①

Beach

SPF 50

①

②

와! 여름이다.

바탕은 연한 색으로 찍어야 윗무늬가 잘 표현됩니다.

…?

쇼핑백 꾸미기

준비물: 무지 쇼핑백, 지우개 스탬프, 잉크패드

1. 표면이 코팅되어 있지 않은 쇼핑백을 준비하세요.
2. 계절에 어울리는 스탬프를 모아 다양하게 찍어보 세요.
3. 스탬프를 찍기 전에 큰 붓을 이용해 배경을 칠하 면 더욱 멋진 작품이 완성됩니다.

① ② ③

아이스크림의 경우
①의 콘을 찍은 뒤
② 아이스크림, ③
의 체리를 얹듯이
찍습니다.

② ①

SPF 50

I ♥ BEACH

②

① ③

🌟 *Decorate*

선물 봉투 꾸미기

준비물: 크라프트지 종이봉투,
지우개 스탬프, 잉크패드

크라프트지로 만든 종이봉투는 잘 찢어지지 않는다는
장점이 있지만, 발색이 약하므로 진한 색상의 잉크패드
로 찍어주세요!

휴가 때
스탬프나
파볼까요?

겹쳐 찍기를 할 때는
① 바탕이 되는 부분을
먼저 찍고 ②를 차례로
찍습니다.

①의 호박 몸통 부분을 먼저 찍고 ②의 라인이 되는 부분을 찍은 후 ③의 꼭지를 찍어 마무리합니다.

노트 꾸미기

준비물: 무지 노트, 지우개 스탬프, 잉크패드

크라프트 무지 노트는 발색이 약하게 표현되므로 진한 색상의 잉크패드를 사용하세요.

Decorate

망원경은 ① 삼각대를 찍어 자리를 잡고, ② 망원경 본체를 각도에 맞춰 찍은 뒤 ③ 스코프를 삼각대와 맞춰 찍어줍니다.

②

②

①

③

①

③

①

②

①

Passport

①

②

COFFEE

MAIL

MAIL

63

1. 획의 두께감을 살려 간단한 문구를 적습니다. 2. 트레이싱지를 이용해 지우개로 옮긴 뒤 디자인 커터를 이용해 글씨를 팝니다. 3. 섬세한 부분이 많기 때문에 한 번에 완성하려 하지 말고 여러 번 수정하면서 획이 잘리지 않도록 주의합니다. 4. 가는 획은 디자인 커터를 최대한 세워서 사용합니다.

Merry Christmas

① ② ③

예쁜 선물 포장에 제격!

털실 볼은
① 털실 볼을 찍은 뒤 ② 빠져나온 실을 볼에 연결해 찍습니다. ③ 바늘을 원하는 모양대로 꽂듯이 찍으면 완성!
*나란히 또는 엇갈려 찍어줍니다.

다양한 나무 표현!
크리스마스 날에
잘 어울려요.

메리
크리스마스
!!

저는 단단하고 연한 샤프심보다는 약간 진하고 잘 부러지지 않는 샤프심이 편해서 '0.5mm Uni 나노다이아'를 사용하고 있어요!

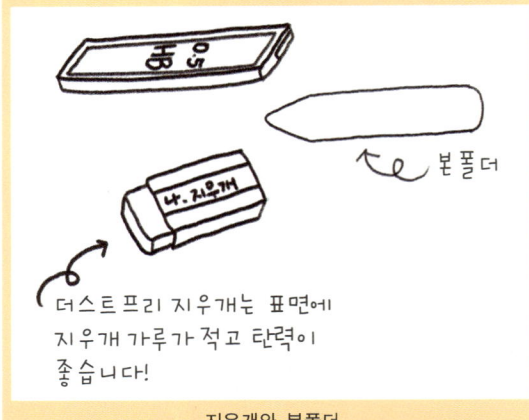

더스트프리 지우개는 표면에 지우개 가루가 적고 탄력이 좋습니다!

지우개와 본폴더

지우개 씻기

조각 전용 지우개는 표면에 파우더가 묻어 있습니다. 파우더 가루도 없앨 겸 시작하기 전에 지우개를 물로 살짝 씻는 것을 잊지 마세요.

시작하기 전에 흐르는 물에 지우개를 한 번 씻어내면 도안을 옮길 때 훨씬 잘 옮겨지고, 스탬프 잉크도 잘 먹는답니다!

물로 씻은 뒤 키친타월로 살살 두들겨 물기를 제거하고 잠시 말려서 사용하면 됩니다.

샤프심의 종류는?

심이 두꺼운 연필은 그림이 뭉개질 수 있으니 샤프펜슬을 사용해야 깔끔하게 그릴 수 있습니다.

여기서 샤프심의 종류를 알아보기로 해요.

샤프심의 종류를 살펴보면 B는 Black의 약자로, B가 많을수록 색이 짙고 강도가 무릅니다. H는 Hard의 약자로 H가 높을수록 색은 옅어지고 강도는 단단합니다.

무른 샤프심은 잘 부러진다는 단점이 있기에 자신에게 맞는 샤프심을 찾아보는 것도 중요합니다.

지우개 스탬프를 만드는 데 꼭 전문적 조각용 지우개가 필요한 것은 아닙니다. 주위에서 흔히 볼 수 있는 일반 지우개를 사용해도 무방합니다. 다만 시중에서 판매하는 일반 지우개 가운데 탄력이 좋고 지우개 가루가 많이 나오지 않는 지우개를 추천합니다. 지우개 가루가 많이 나오는 미술용 지우개는 애써 만든 지우개 스탬프끼리 서로 붙는 일이 종종 벌어지므로 기본 선 연습용으로는 괜찮지만 본격적인 작품용으로는 피하는 것이 좋습니다.

손잡이를 만들어보아요

MDF나 와인 코르크, 지점토, 우드 마운트 등을 활용해 손잡이를 만들어 달면 선물용으로도 좋아요!

MDF

MDF는 화방에서 구입할 수 있어요. 줄톱을 이용해 원하는 사이즈로 자른 후, 목공풀이나 순간접착제를 이용해 지우개 스탬프에 붙일 수 있습니다. MDF가 너무 두꺼우면 자르기 힘드니 5T 두께가 적당해요! 빈티지한 느낌으로 MDF 스탬프 마운트를 완성해보세요. 참, 붙이기 전 MDF 윗면에 해당 스탬프를 찍어줍니다.

5T짜리 MDF를 줄톱을 이용해 원하는 사이즈로 잘라서 사용하세요!

MDF 마운트

와인 코르크

대형 마트 와인 코너에 가면 시음 후 남은 코르크 마개를 쉽게 구할 수 있어요! 이 와인 코르크로도 멋진 스탬프 마운트를 만들 수 있습니다. 단, 표면이 너무 손상된 코르크는 피해주세요.
와인 코르크보다 크지 않게 스탬프를 만들어 접착제로 붙여주세요. 나만의 독특한 스탬프 마운트를 완성할 수 있습니다.

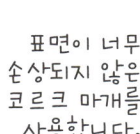

표면이 너무 손상되지 않은 코르크 마개를 사용합니다.

코르크 마개

지점토

시중에서 판매하는 공예용 지점토를 활용해 원하는 모양의 손잡이를 만들어줍니다. 지점토는 색상을 입힐 수도 있고 글씨나 그림을 넣을 수도 있어서 개성 만점 손잡이를 만들 수 있어요.
완성된 지점토 손잡이는 그늘진 곳에서 건조시킵니다. 완전히 건조된 지점토에 바니시를 바르면 광택과 함께 내구성이 좋아집니다. 바니시는 대부분 수성이므로 바를 때 물감이 번지지 않도록 밝은색 물감 쪽부터 신속하게 바릅니다.

바니시

지점토

우드 마운트

스탬프용 마운트로 만든 우드 마운트가 있답니다. 스탬프 사이즈보다 조금 더 큰 우드 마운트를 고르면 됩니다. 접착제로 붙이기 전 우드 마운트에 스탬프 모양을 찍어두면 나중에 쉽게 구별할 수 있어요!

우드 마운트

단풍나무로 우드 마운트를 달아주면 고급스러워요.

다양한 손잡이로 재미 두 배!

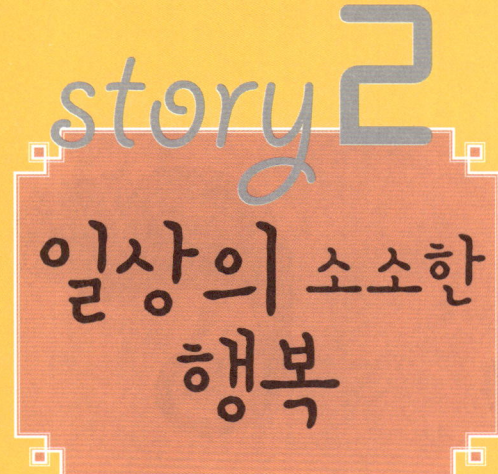

story **2**

일상의 소소한 행복

따뜻한 감성 스탬프

다양한 동물
과일과 채소
주방용품과 식료품
커피와 디저트
재봉용품과 인테리어용품

JOY

저는 노트 크기에 맞춰 패브릭 커버를 따로 준비했어요.

... ?

노트 커버 꾸미기

☆ *Decorate*

준비물: 커버용 패브릭, 다이어리, 지우개 스탬프, 패브릭용 잉크패드

1. 노트 사이즈보다 조금 큰, 무늬가 없는 밝은색 천을 준비합니다. 2. 지우개 스탬프를 이용해 재미있는 패턴을 패브릭에 찍어줍니다. 3. 목공풀 또는 딱풀을 이용해 노트 커버에 붙여보세요!

JOY

JOY

① ②

⑤

① ④

② ③

①과 ② 를 적당한
각도로 맞춰 찍는
것이 포인트!

...?

86

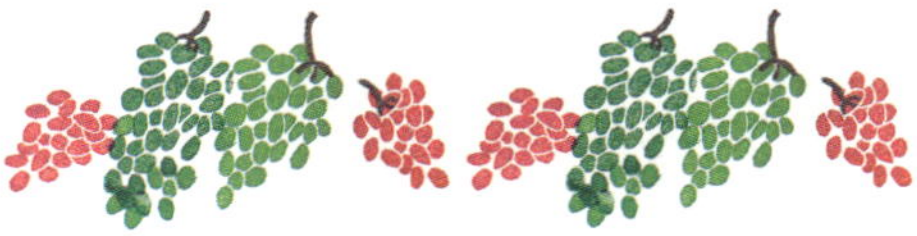

어디에나 잘 어울리는
과일 스탬프는
만들기도 쉽답니다.

용과씨

OK!

91

주변에서 흔히 볼 수
있는 소재로 스탬프
를 만들어보세요.

보기만 해도
너무 예쁜 채소들.

YES!

채소를 파는 김에
다이어트에 도전!!

Decorate

필통 꾸미기

준비물: 무지 필통, 지우개 스탬프, 패브릭용
잉크패드, 마스킹테이프

1. 지퍼 등 스탬프로 찍지 않아야 할 부분은
   마스킹테이프로 꼼꼼하게 커버합니다.
2. 필통 안쪽에서 스탬프를 누르며 원하는 디
   자인을 스탬핑합니다.

패브릭용 물감을 이용해 스탬프를 찍을 때는 충분히 말려야 합니다. 시간이 부족할 경우 뒤집어서 저온으로 다림질하면 건조 시간을 줄일 수 있습니다.

YES!

MY RECIPES

가재 요리!!
제일 좋아해요.

동전 지갑 꾸미기

 Decorate

시접 부분과 단추가 들어갈 부분을 생각해
동전 지갑을 만들면 더 예쁜 결과물을 얻을
수 있어요. 티끌 모아 태산!

또 뭐가 있더라?
여러분의 주방도
옮겨보세요.

OK!

MY
RECIPES

저울 위에 올려놓고 찍을 부위는 마스킹 테이프로 가리고 찍으면 됩니다.

마스킹테이프

다양한 과일도 올려보세요.

예쁜 주전자로
끓이면,
차 맛도 두 배!

여러 조각의 지우개 스탬프를
맞춰 찍을 때 딱 들어맞지 않아
도 됩니다. 일부러 비껴 찍는 것
이 오히려 멋진 표현이 될 수
있어요.

마카로 니!
좋아하는 것은
맘껏!

Pasta

마카로니 등 크지 않은 오브제
를 병이나 봉투에 담는 식으로
표현해보세요.

꼬치꽂이는 반쪽만
파서 아래위로
보기 좋게 찍어주면
감쪽같아요.

OK!

← 꼬치꽂이

그러데이션
잉크로 생생하게
표현해보세요.
더 맛나
보여요!

봉지에
찍어서 냉장고에
보관해보세요.

Fish

마카롱 안에
들어가는 잼은
다른 색깔로
찍어보세요.

콘 두 개를 다른 색상으로
겹쳐 찍으면 두 가지 맛
아이스크림이 됩니다.

우왕!
배고 프당!

①

②

토마토케첩 접시

토마토케첩

④

③

케이크 접시

⑤

커피 향을
느끼며
찍는 재미에
빠져 보세요!

피자 도우를 먼저 찍고
잎사귀에 초록색을
묻혀 도우 모양에 맞게
다시 찍습니다.

달걀노른자

텀블러 파우치 꾸미기   *Decorate*

준비물: 무지 광목 파우치, 지우개 스탬프, 잉크패드

1. 갖고 있는 텀블러보다 조금 큰 사이즈의 광목 파우치를 준비합니다.
2. 어울리는 스탬프로 골고루 찍어줍니다.

달걀노른자

BREAD

Bre

BAGUETTE

초코칩의 일부분만 필요한 경우, 필요한 부분만 남기고 마스킹테이프로 커버링하고 찍으면 됩니다. P.106 참조.

초코칩

샌드위치 빵 끝부분은 조금 진한색 스탬프로 찍어 탄 느낌을 표현해줍니다.

크림

초코칩

소라빵 크림

OK!

BREAD

BAGUETTE

Bre

바게트 빵

바게트 빵의 필요한 부분만
남기고 마스킹테이프로
커버링해 봉투와 함께
다양하게 찍어보아요!
P.106 참조.

OK!

BREAD BREAD BREAD

소시지

크림

배경이 되는
스탬프는
연한 색으로
찍어 보세요.

배경 ↴

커피 한잔
하실래요?

캐주얼한 분위기에 잘 어울려요!

☆ Decorate

링 가방 꾸미기

준비물: 무지 천 가방. 지우개 스탬프, 잉크패드

1. 가방이나 쿠션 등에는 큼지막한 도안이 어울려요.
2. 스탬프를 찍을 때는 방향을 불규칙하게 하는 것이 좋습니다.

OK!

OK!

2. 너무 뻣뻣한 천보다는 부드러운 천이 깔끔하게 잘 찍혀요. 스피드볼 벤치후크나 평평한 아크릴판 위에 패브릭 전용 잉크를 스패츌러를 이용해 적당량 덜어 줍니다. 건조 시간을 늦춰주는 리타더를 소량 넣은 후 스패츌러로 잘 섞어주세요. 그러면 프린팅하는 동안 물감이 마를까 걱정할 필요 없답니다.

스패츌러

잼 발라먹기 좋게 생겼어요.

물감의 건조 속도를 늦춰줘요!

RETARDER 리타더
리타더

리타더

패브릭에 지우개 스탬프로 문양 찍기

직물에 프린팅하는 방법은 다양하지만, 지우개 스탬프를 이용하면 에코 백이나 티셔츠 등 직물에 원하는 문양을 직접 새길 수 있습니다. 다양한 사이즈의 지우개가 있으므로 커다란 문양도 가능합니다.

여기서는 패브릭 잉크를 사용해 도형이나 기하학적인 문양을 반복적으로 배치해 찍는 테셀레이션 기법테셀레이션이란 일정한 형태의 도형으로 평면을 빈틈없이 채우는 기법입니다. 우리말로는 '쪽매맞춤' 또는 '쪽매붙임'이라고 하는데 타일을 이어 붙이는 거라고 생각하면 될 듯해요.을 소개할게요.

준비물: 지우개 스탬프, 패브릭 전용 잉크(스피드볼 염색 블록 잉크), 스피드볼 롤러(소프트 타입), 신문지, 스패츌러, 스피드볼 벤치후크 또는 아크릴판, 바렌, 리타더

1. 반복적으로 찍을 수 있는 도형이나 문양을 구상해 지우개 스탬프로 만들어주세요. 도형은 정삼각형, 정사각형, 정육각형이 있습니다. 간단한 문양으로 모서리끼리 맞춰가며 반복적으로 찍으면 멋진 테셀레이션을 완성할 수 있습니다.

의자처럼 생겨서 벤치후크~ 여기에 물감을 덜어 롤러로 문질러 줍니다. 사용 후에는 물로 씻어줍니다. 아크릴판을 사용해도 굿!

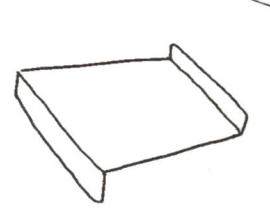

벤치후크

패브릭 전용 물감이라 별도의 열처리를 하지 않아도 선명하게 잘 찍혀요! 색상을 섞어 조색도 가능해서 정말 애정하는 스피드볼 염색 블록 잉크를 추천합니다.

스피드볼 패브릭 티슈

5. 스탬프를 바로 떼지 말고 제대로 찍히지 않은 곳이 있는지 확인합니다.

6. 실내에서 5~7일간 충분히 말리면 별도의 열처리를 하지 않아도 됩니다. 아직 마르지 않았다면 번질 수 있으니 스탬프가 찍힌 곳을 만지지 않도록 주의해주세요.

7. 멋진 테셀레이션 작품 완성!

정삼각형이 겹치지 않게 모서리를 맞춰가며 붙여 찍어보세요.

정삼각형 테셀레이션 패턴

3. 아크릴판에 덜어놓은 물감을 롤러로 롤링해줍니다. 천천히 롤링을 하면서 물감이 롤러에 붙어 올라오는 느낌이 날 때까지 합니다. 이때 아크릴판에 물감이 펼쳐진 모양이 오렌지 껍질 같다고들 하는데 직접 해보시면 감이 올 거예요!

롤러

아크릴판

4. 지우개 스탬프에 잉크를 롤러로 꼼꼼히 바릅니다. 패브릭을 아래에 두고 스탬프를 위에서 찍은 후 움직이지 않도록 해서 바렌으로 고르게 누릅니다. 반대로 스탬프는 아래에 둔 채 패브릭을 위에 얹어서 바렌으로 눌러도 됩니다. 손으로 누르면 고르게 힘이 가해지지 않아 예쁘게 찍히지 않을 수도 있어요.

바렌

나무 바렌

누르는 용도

테셀레이션 기법의 예

판화 작가 마우리츠 에스허르의 작품

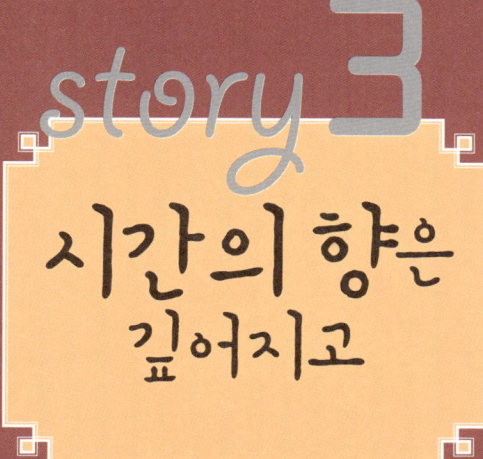

story 3

시간의 향은 깊어지고

아름다운 민화 스탬프

아름다운 민화 스탬프 ●●● **단오풍정**

조선 후기 신윤복의 작품으로, 단옷날 여인들이 시냇가에서 그네를 타거나 몸을 씻으며 한때를 보내는 장면을 묘사한 그림입니다. 단오풍정에서 그네 타는 여인의 모습을 지우개 스탬프로 표현했습니다.

* 출처: 제로퍼제로의 〈대한민국의 국보〉를 원형으로 작업.

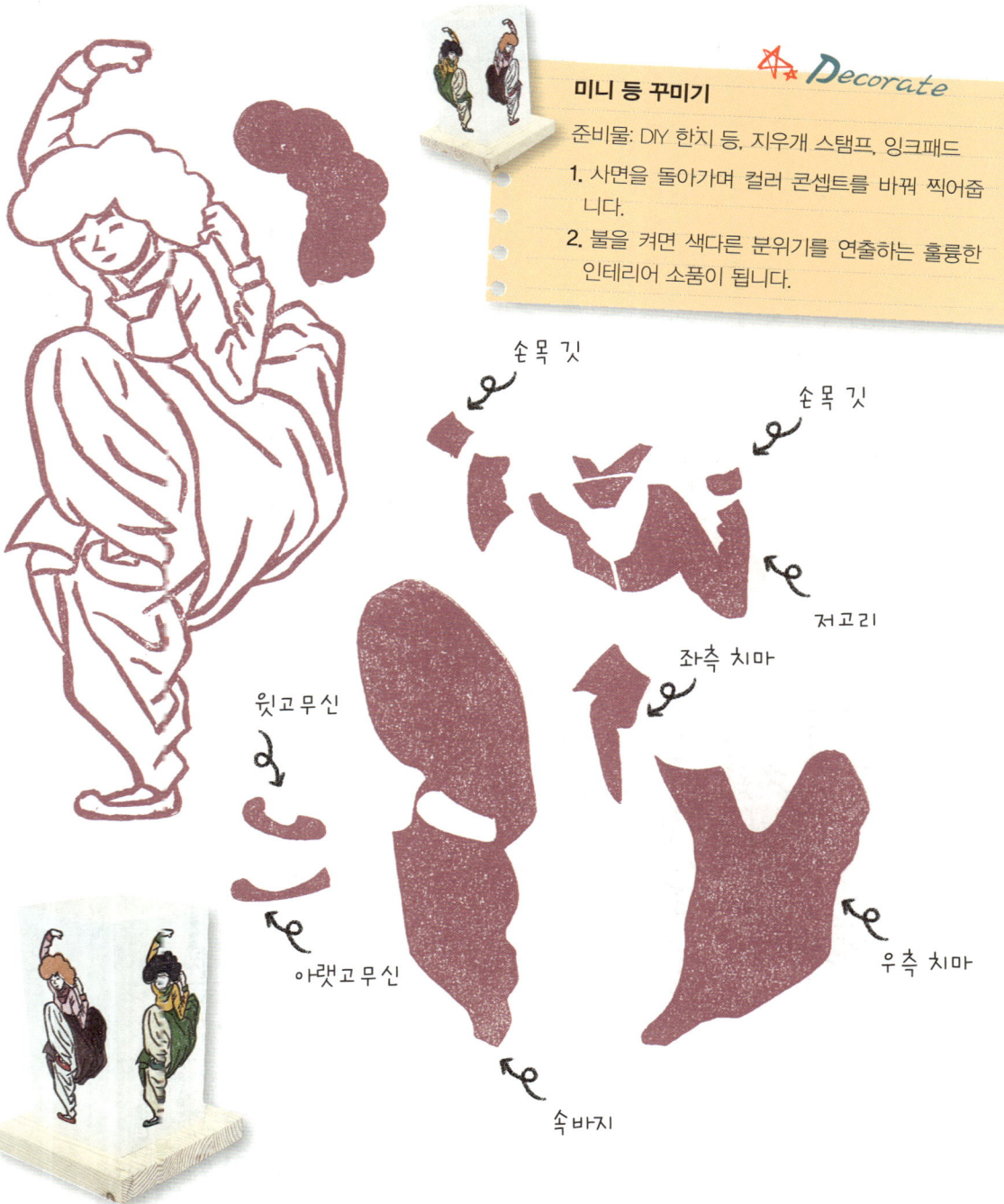

미니 등 꾸미기

준비물: DIY 한지 등, 지우개 스탬프, 잉크패드

1. 사면을 돌아가며 컬러 콘셉트를 바꿔 찍어줍니다.

2. 불을 켜면 색다른 분위기를 연출하는 훌륭한 인테리어 소품이 됩니다.

🌟 *Decorate*

손목 깃

손목 깃

저고리

좌측 치마

윗고무신

우측 치마

아랫고무신

속바지

거북이는 총 4pcs 로 만듭니다. 차례대로 잘 찍어보세요.

거북이 얼굴

등 껍데기 테두리

①

②

③

등 껍데기

④

뿌듯 해요.

문자를 시각적으로 나타낸 그림. 예로부터 아이 방의 병풍 그림으로 많이 쓰였습니다.

화평을 기원하는 화병도는 다른 기물이나 꽃의 상
징과 어우러져 의미를 더합니다.

선물 상자 꾸미기

준비물: 무지 엽서 또는 무지 포장지, 지우개 스탬프, 잉크패드, 포장용 끈

1. 무지 엽서나 무지 포장지에 내용물과 어울리는 패턴 무늬를 만들어 찍어줍니다.
2. 포장용 끈으로 마무리합니다.

세 개의 점을 따로 파서 다른 색상으로 찍으면 포인트가 된답니다.

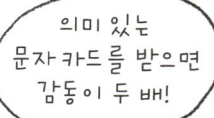

의미 있는 문자 카드를 받으면 감동이 두 배!

사슴무늬는 붓펜으로 '콕 콕' 찍어도 됩니다.

"내는 다 팠다 아이가!"

사슴 무늬

OK!

바탕에 무늬로
찍는 스탬프는
연한 색으로
하는 게 좋아요!

연한 색

...?

병풍이나 벽장문에 바르는 벽화의 일종인 연화도는
군자와 선비를 상징하며, 가정의 평안과 수복강녕
을 소망하는 의미가 담겨 있습니다.

풍성한 자태를 뽐내며 꽃 중의 왕이라 불리는 모란.
예로부터 집 안이 평안하고 부귀영화를 누리라는
뜻으로 화병에 모란을 꽂아두곤 했습니다. 모란도
병풍은 주로 혼례나 잔치를 할 때 쓰였습니다.

두 가지 색으로 직접 그러데이션해보세요.
메인 컬러를 찍은 뒤 스탬프 잉크가 마르기 전에 재빨리
포인트 컬러를 덧찍습니다. 경계 부분은 스펀지 도버를
이용해 부드럽게 떠주듯 포인트 컬러를 덧바르면 자연스
러운 그러데이션을 완성할 수 있습니다.

연밥의 씨앗은 자손을
상징한다고 해요. 재미
있는 민화의 세계!

포도넝쿨은 '다산과 부'를 상징합니다.

중국에서 불수감은 행운의 상징이라 불린다지요~

OK!

열매가 부처의 손을 닮아 '불수감'이라 불려요.

170

 Decorate

부채 꾸미기

준비물: 한지 부채, 지우개 스탬프, 잉크패드

1. 한지 부채는 잉크가 한지에 잘 스며들도록 부채 뒤쪽에서 스탬프를 손으로 꾹꾹 누릅니다.
2. 찍힌 모양을 확인한 뒤 스탬프를 뗄 수 있도록 부채를 손에 들고 찍는 것이 좋습니다.

볼수록 아름다운
우리의 멋!

외국인 친구가 있다면
전통 스탬프를 선물해
보세요.

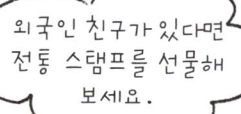

YES!

전통 무늬는 대부분
대칭을 이룹니다.

...?

위치 포인트

반닫이처럼 두 개 이상의
조각을 맞춰 찍을 때는
걸쇠의 윗선을 반닫이
중심에 맞춰 찍어보세요.

민화에 자주 등장하는 복숭아는 장수를 기원하는 의미가 담겨 있습니다. 선조들은 복숭아를 신선들이 먹는 과일로 여겼으며, 복숭아나무는 귀신을 쫓는다고 믿기도 했습니다. 사랑하는 이의 생일을 축하할 때 무병장수의 염원을 담아 카드에 복숭아를 찍어 보내면 어떨까요?

커버링 마스킹테이프(나오지 않는 부위를 가리는 데 쓰는 테이프)는 접착력이 약해야 합니다. 사용하기 전 테이프에 주변 먼지를 묻혀 접착력을 떨어뜨리는 것이 좋습니다.

마스킹테이프

바깥쪽을
테이프로 커버한다.

바깥쪽을
테이프로
커버한다.

자칫 밋밋할 수 있는 소반에 무늬 입히기!
① 소반을 먼저 찍은 뒤 윗면만 찍을 수 있도록 사방에 테이프를 붙입니다. ② 여러 가지 꽃을 소반 윗면에 찍어줍니다.

바깥쪽을
테이프로
커버한다.

①

②

YES!

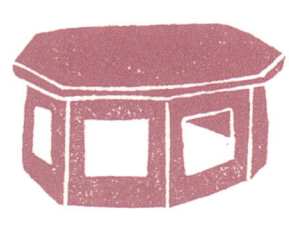

① 경대를 찍습니다.
② 경첩 중앙을 경대 중앙에 맞춰 찍고, ③ 경첩의 윗부분을 경대 끝에 맞춰 찍습니다.
④ 고리를 찍습니다.

④

③

②

①

겹쳐 찍을 때는 아귀가 맞지 않아도 나름대로 멋스러운 만큼 꼭 맞춰 찍지 않아도 됩니다.

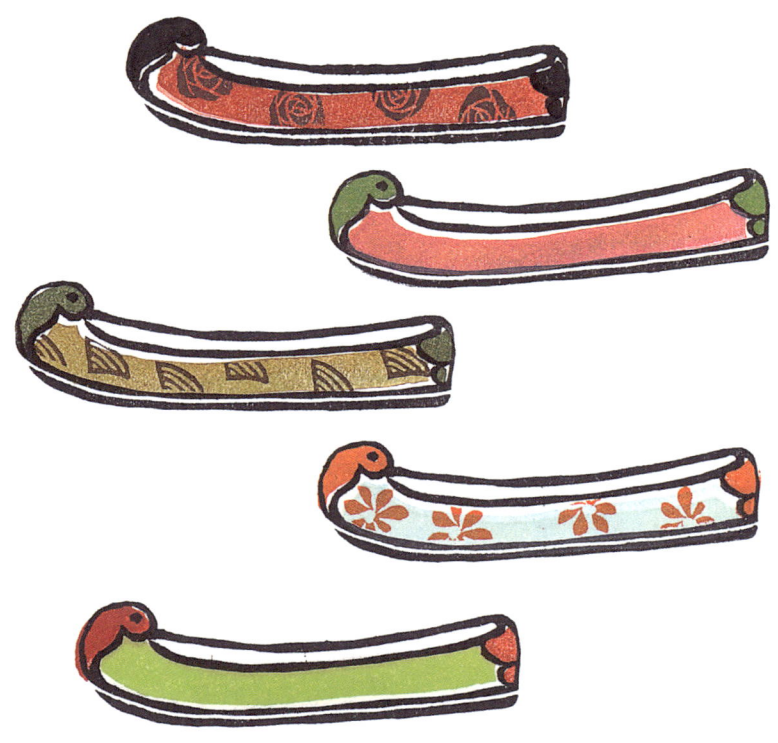

다양한
꽃신을
표현해보세요!

OK!

도자는 크게 백자(조선)와 청자(고려), 분청(고려 말~조선 초)으로 구분합니다. 순백색 흙(고령토)으로 만든 백자, 철분이 섞인 흙으로 만들어 푸른빛을 띠는 청자, 그리고 백자와 청자의 중간 지점이라 할 수 있는 분청이 있습니다.

2. 덜어놓은 전용 젤을 동그란 스펀지가 달린 도버를
이용해 스탬프에 톡톡 두들겨 발라줍니다.

데코포일

다양한 색상이 있어요.

스펀지가 달려 있어요.

도버

주방세제

3. 전용 젤을 바른 스탬프를 준비해둔 카드지 위에 찍
어줍니다. 전용 젤은 끈적거리므로 종이에서 뗄 때 종
이가 따라 올라오지 않도록 주의해야 합니다.

데코포일 접착 젤을 이용한 포일 스탬핑 기법

포일 스탬핑은 금·은색 스탬프 잉크를 이용해 찍는 것
과 달리 데코포일을 이용해 입체감을 살리면서도 섬세
한 부분을 표현할 수 있는 매우 세련된 기법입니다.

준비물: 지우개 스탬프, 데코포일, 포일
트랜스퍼 젤(데코포일 전용 접착제), 종이
접시, 스패출러, 스펀지 도버, 카드지

1. 스패출러를 이용해 종이 접시에 데코포일 전용 젤을
덜어내고 얇게 펼쳐줍니다.

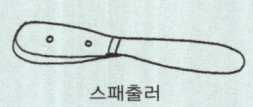

스패출러

데코포일 젤

사용한 스탬프는 비눗물이나
주방세제를 사용해서 칫솔로
살살 닦으면 됩니다.
전용 젤이 마르면 제거할 때
지우개 스탬프가 훼손될 수 있
으므로 바로바로 닦아주세요.

종이 접시

칫솔

4. 카드지에 찍힌 전용 젤이 투명해질 때까지 기다립니다. 전용 젤이 투명해지면 전용 젤이 찍힌 곳에 데코 포일의 반짝이는 면을 대고 기름종이를 덮은 뒤 손톱이나 숟가락, 본폴더 등으로 꼼꼼하게 문지릅니다. 이때 카드지 뒤에 두꺼운 종이를 한 장 덧대면 문지를 때 카드지가 움직이지 않아 안정감이 있습니다.

5. 문지르는 과정에서 코팅기를 사용하면 좀 더 수월합니다. 카드지를 기름종이에 끼운 상태로 코팅기를 사용해 약한 열로 눌러줍니다.

6. 데코포일을 카드지 색상에 따라 동색 또는 보색으로 선택하면 더욱 멋진 작품을 만들 수 있어요!

지우개 스탬프로 엠보싱하기

다양한 엠보싱 파우더를 이용해 화려하고 입체적인 작품을 만들어보아요!
엠보싱 파우더는 작은 병에 담겨 있지만 미세한 분말이라 보관만 잘하면 오랫동안 사용할 수 있어요. 종이뿐 아니라 나무나 플라스틱, 유리병 등 다양한 소재에 활용할 수 있어 유용합니다.
엠보싱 파우더는 엠보싱 전용 잉크패드를 함께 사용하면 더욱 좋습니다. 물론 일반 잉크패드로도 사용 가능합니다. 일반 잉크패드 사용 시 스탬프 잉크의 기존 색상이 비칠 수 있으니 클리어 파우더(투명)와 함께 사용하는 것이 좋습니다.

준비물: 지우개 스탬프, 엠보싱 잉크, 엠보싱 파우더, 종이, 힛툴(다리미나 오븐토스터도 가능해요)

1. 지우개 스탬프를 준비한 소재에 찍어주세요.

2. 바닥에 A4 용지 같은 얇은 종이를 깔고 방금 찍은 스탬프 문양이 덮일 정도로 엠보싱 파우더를 충분히 뿌려줍니다.

3. 파우더 가루가 스탬프를 찍은 부분에 빠짐없이 묻었는지 확인하고 남은 파우더를 아래 종이에 톡톡 털어줍니다. 잘 털어지지 않는 곳이 있으면 붓을 사용해 깔끔하게 털어냅니다. 힛툴로 녹일 때 불필요하게 남아 있는 엠보싱 파우더가 같이 녹아서 지저분해 보일 수 있으므로 꼼꼼하게 털어줍니다.

4. 종이 위의 남은 가루는 다시 병에 넣어 보관합니다.

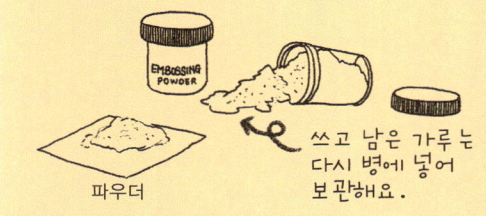

파우더

쓰고 남은 가루는 다시 병에 넣어 보관해요.

5. 힛툴을 사용해 엠보싱 파우더를 녹이면 멋진 작품이 완성됩니다.

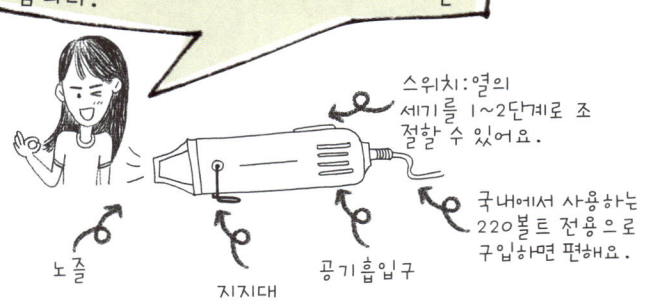

이때 힛툴의 입구를 가까이 대는 것이 포인트! 열이 모아져서 빠르게 녹일 수 있답니다. 힛툴이 없으면 드라이기나 다리미로 대신할 수 있습니다. 드라이기는 강한 바람은 피해야 하며, 멀리서 점점 가까이 대는 방법으로 녹여주세요. 오븐토스터에 5초 정도 넣었다가 빼거나, 140~160℃로 달군 다리미나 프라이팬에 가까이 대주셔도 된답니다.

스위치: 열의 세기를 1~2단계로 조절할 수 있어요.

국내에서 사용하는 220볼트 전용으로 구입하면 편해요.

노즐   지지대   공기흡입구

힛툴

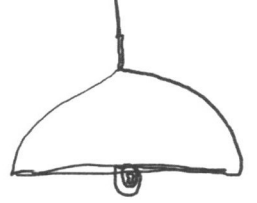

Epilogue
에필로그

   취미로 시작한 지우개 조각이 주변 사람들에게 알려지고, 작품 제작을 의뢰받거나 수업을 진행하면서 자연스럽게 지우개 스탬프 작가의 길로 들어섰습니다.

   지우개로 만들 수 있는 다양한 작품을 소개하고, 완성된 지우개 스탬프를 찍는 즐거움을 공유하기 위해 부족한 실력이지만 출간을 준비하게 되었습니다. 우리나라 전통 문양의 아름다움과 민화의 독창성을 지우개 스탬프로 표현해 대중에게 알리고 싶은 마음도 컸습니다. 사실, 우리 전통 문양의 정교함과 화려함은 현대 패턴으로 만들어도 손색없을 만큼 아름답습니다. 서민 예술이라 불리는 민화에 스며 있는 유머와 풍자는 피카소의 입체주의가 떠오를 정도로 파격적입니다. 이러한 전통 문양과 민화의 의미를 모티브로 만든 지우개 스탬프가 일상에서 자주 쓰이고 사랑받는다면 그 이상 바랄 게 없을 것입니다.

   지우개 스탬프는 현재 미국, 유럽은 물론 일본 등 여러 나라에서 영역을 확장하고 있습니다. 지우개를 조각하는 취미 활동을 통해 아름다운 우리 문화를 세계에 널리 알리는 것, 이 책으로 그 꿈에 한 걸음 다가서는 것이 제 바람입니다.

story 4

부록편

그림문자 스탬프

한글 패턴 캘리
영문 레터링
유인 · 초형인

Don't GIVE UP!

Coffee

Smile

Coffee

BLING

life
is
good

Love

HAPPY

Smile

HELLO

enjoy
every
moment

Yes you can!

LOVE

HELLO

be your self

slow & steady

그림문자 스탬프 ••• 유인 • 초형인

성어나 좋은 문구 등을 새기는 유인, 동식물이나 사물을 새기는 초형인 등은 작품의 빈 공간을 채우는 용도로 사용합니다.